這個時候怎麼辦？

5

日本節慶

峯村良子 繪著　唐亞明 譯

香港中文大學出版社

前 言

　　如果要培養孩子們的「禮儀規範」，從哪兒教好呢？教什麼呢？有時大人們也會不知所措。這套圖書集中介紹了日常生活中的禮儀規範，希望對大人和孩子都有幫助。

　　禮儀規範不是什麼特別難的事情，它是在日常生活中為了讓我們每天心情愉快而應該遵守的社會規範。我們與親朋好友交往，與學校和周圍接觸到的人們交往，更廣泛地說，與世界上的人們友好相處，都需要禮儀規範。遵守禮儀規範也是培養孩子們尊重他人的意識和愛心所不可缺少的。有時候，我們沒有意識到自己的行為給別人帶來了困擾和不必要的麻煩。什麼是困擾和麻煩呢？孩子們也許並不明白，究竟什麼事情好，什麼事情不好，它們不同在哪裏？如果有了辨別能力，那麼在遇到問題時，孩子們自然而然就懂得如何對待和處理了。

　　這套書用圖畫和文字來講解各種禮儀規範，淺顯易懂，沒有必要把它們都背下來，即使有的內容忘記了也沒關係。孩子們會通過自己的理解，記住它，並在生活中有禮貌地待人接物。

　　這套圖書有五本，每本有一個主題，基本包括了兒童日常生活中需要遵守的禮儀規範，但也並不是那麼絕對的，每個家庭或學校都可以根據自己的教育方針進行增減。

　　如果這套圖書能有助於培養孩子們遵守秩序、懂禮貌、有正義感、遇到問題時能換位思考、事事為他人着想，並會積極地解決難題，我將感到非常榮幸。

　　本冊的主要內容是：以孩子為中心的家庭和學校在四季組織的各種活動中，孩子們應該怎麼做？我列舉了小孩與大人和社會之間的禮儀。

　　如果孩子問：「為什麼要這樣做呢？」請你予以回答吧。因為孩子的疑問，是思考的起點。

目 錄

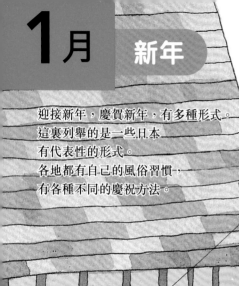

迎接新年，慶賀新年，有多種形式。
這裏列舉的是一些日本
有代表性的形式。
各地都有自己的風俗習慣，
有各種不同的慶祝方法。

屠蘇酒

屠蘇酒是
一種藥酒，
據説喝了
不會得感冒。
用最小的酒杯
喝一點點。

注連飾

表明這裏是
潔淨的聖域，
還用以避災

掛在門上或
柱子上，
也可用裝飾
稻草圈

掛吉慶圖案的畫

酸橙

裏白
（蕨類植物）

四手
（紙條）

昆布

三方

新年的

松、竹
南天竹
草珊瑚
菊花等

松

簡略式門松
裝飾在門上

門松

在12月26至28日，或30日裝飾。
29日為「九松」，日語發音是等待苦難。
而31日意為只裝飾一夜（是葬禮的裝飾方法），
所以不在這兩天裝飾。
門松裝飾到1月7日。

鏡餅

正規的供神用年糕，
擺在帶座的方木盤上
（三方），裝飾在
壁龕裏

裝飾在門口或
櫃子上時，
可以用簡略式的鏡餅

新年問候

新年
快樂！

對家人
在元旦那天
梳洗打扮好，
待全家人
到齊後，
給所有家人
拜年。

年初拜訪
年初指1月2日
到7日。
在年前就問好
對方什麼時間
方便拜訪。

祝
新年
快樂！

去親戚、
老師等平時
關照自己的人
的家裏拜訪。
在進門前要脱
掉大衣，拿在
手上……

進別人家時
把鞋尖朝外，
整齊擺放好。

在神社門前的洗手處清洗
雙手輪換洗
用手接水漱口

在神社參拜
放入香錢，然後搖鈴

鞠躬兩次

拍掌兩下

合掌禮拜
請多多關照……

再鞠躬1次

在寺廟參拜
放入香錢　合掌禮拜
請多多關照……

雜煮（煮年糕）

各地的做法和材料不同，種類很多

別吃太多了

關東式用清湯，放入切成方形的年糕

關西式湯裏放白醬，用圓形年糕

在洗手處洗手漱口後，再去參拜

洗手處

人多，等的時間長，穿暖和衣服去

新年第一次參拜

在門松裝飾期間（1日至7日），去神社或寺廟參拜，祈求那年的幸福。

驅妖箭

護符

新年菜餚

大家一起吃。
不要用筷子直接夾，用公筷夾到自己的盤子裏吃。

新年菜餚有好多吉慶的食物！

鯛魚（象徵吉祥）

鰤魚塊（象徵出人頭地）

板栗（象徵勝利）

蓮藕（象徵有遠見）

鯡魚子（徵子女多）

昆布卷（歡喜悅）

丁魚乾
從前農民把沙丁魚當農田肥料，徵祈求豐收）

黑豆（象徵健康和勤懇）

大蝦（象徵長壽，腰彎到老）

芋頭（象徵多子多福）

新春試筆

1月2日，靜下心來寫大字

初日

壓歲錢（お年玉）

給你

謝謝！

拿到壓歲錢，一定要說謝謝。

就這麼點兒？

哼！

拿到壓歲錢袋不能馬上打開看，那樣很沒禮貌。

收到壓歲錢要告訴父母。
有時給你壓歲錢是看在父母的面子上，父母要回禮。

新年的傳統遊戲　有機會你也玩玩吧！

1日 元旦
7日 喝七草粥
　　（用七種野菜做）
11日 開鏡餅

福笑 蒙上眼睛，擺放眼、鼻等紙做的五官

啊，哈哈哈……

看別人擺放也很有意思

雙六 按照擲骰子顯示的數，往前走

什麼？我停走一次？

百人一首
傳統的紙牌遊戲。牌上印有一百首和歌，遊戲者找對應的下句

背下和歌，找得更快

美麗的鮮花在雨中退色當我沈思時青春已逝去　小野小町作

讀上下句都有的紙牌

當我沈思時青春已逝去

擺放只有下句的紙牌，選出正在讀的和歌

過新年穿着整潔的正裝，也可穿和服

新 年 日 曆

12月26日
從這時開始準備過年和擺放裝飾品。

12月31日 除夕
噹噹噹噹
聽除夕鐘聲108下，然後出門去新年參拜。

1日 元旦
朝拜第一次日出，或去第一次參拜。

2日
做初夢。初夢是從1日晚上到2日做的第一場夢。

3日 首三天

指從1日到3日

如果風箏掛在電線上了，絕對不能用手碰！

注意遠離電線，不在電線旁邊玩

放風箏

伊呂波紙牌

紙牌上印有用「伊呂波……」48字開始的諺語

接着！

打羽毛毽

用毽球板的背面打羽毛毽

輸了被罰在臉上塗墨，注意別塗到衣服上

向走路會被棒打

折疊壞掉

哎呀！

不能對着人扔陀螺

轉陀螺

7日 裝飾門松期間（1日至7日）
喝七草粥

鼠麴草

蕪菁

蘿蔔

春天的七草

繁縷

寶蓋草

水芹

薺菜

11日 開鏡餅
這天切開裝飾用的鏡餅，放到小豆湯或小豆粥裏吃。

15日 小正月
在這一天結束過年，各地燃燒裝飾物和舉辦活動。

成人儀式
（第二個星期一）

在這一天慶祝成長到20歲的人。

4日前後 立春
11日 日本建國日
23日 天皇誕生日

從前的農曆日曆上，新年從立春
（現在的日曆是2月4日前後）開始，所以在那之前
要趕走一年來作惡多端的鬼。
日本人把這一天叫「節分」。

為了祈求今後一年的幸福安康，
吃與自己年齡相同數目的豆子

鬼在外
福在內

福豆

注意別妨礙
鏟雪車

雪地路滑，
注意腳下和汽車！

雪停後，在雪還沒凍硬時
掃雪和鏟雪比較容易

滑雪的禮儀

不能速度
過快。

呼呼

哎呀！

如果感到了
危險，就先
摔倒，
然後盡快站起來。

初學滑雪
時，要在
不妨礙別
人的地方
練習。

登山電纜車

按順序排
隊等候。

有人鏟除屋頂
積雪時，不要
去房檐下

不站
冰錐下面。

好危險！

救命啊！

撒水會結冰，
很危險

讓我上去！

多和小朋友一起玩，
別不理他們

在電纜車上
不打鬧，
不鬆手。

啊……

啊……

情人節

2月14日是情人節。
女性在這一天給自己喜歡的男性送禮物。

啊，我真高興……

盡量不要為了面子
送巧克力什麼的
那會引起誤解。

好恐怖！

你等等！

不能勉強給別人送禮物
這樣反而使別人不愉快，
會被人討厭的。

送給我吧……

別把巧克力
帶到學校去

請收下

盡可能輕鬆地
表達自己的
心情……

*情人節本來是情人互贈卡片或禮物的日子。
女性單方面贈送禮物是日本獨特的習慣。

別 送 這 樣 的 東 西

親手製作的蛋糕裏有根
頭髮……要注意清潔。

啊！

只是自己覺得
好的東西。

貴重的東西會使
對方產生
心理
負擔，
用零用錢
能買到的
東西就行。

3月3日是慶祝女孩子成長的女兒節，
又稱桃花節。

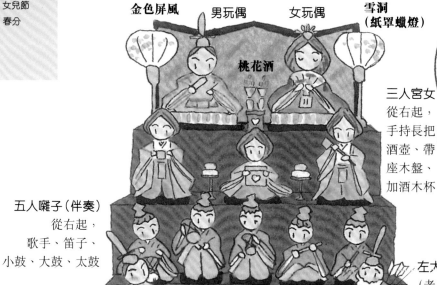

金色屏風　男玩偶　女玩偶　雪洞（紙罩蠟燈）

桃花酒

三人宮女
從右起，
手持長把
酒壺、帶
座木盤、
加酒木杯

五人囃子（伴奏）
從右起，
歌手、笛子、
小鼓、大鼓、太鼓

左大臣（老人）

右大臣（青年）

菱台　小飯桌

右近之橘

左近之櫻

仕丁（僕人）
從右起，手持立傘（長
把大傘）、沓台（放鞋子
用）、台傘（圓形傘帽）

嫁妝
衣櫃、梳妝台、
針線盒等

轎子　皇家馬車

七層台座的
裝飾方法

女兒節有七層台座、五層台座以及只有
女玩偶、男玩偶的「親王飾」。
男玩偶和女玩偶的裝飾方法，各地不同。

女兒節的佳餚

白酒（桃花酒）
喝了能治百病

雛霰
（小塊╳
花點心

菱餅　散壽司（什錦壽司飯）

蛤蜊湯

哇，真可愛！

如果被邀請

明確回答
是否能去。
（因為對方要
準備飯菜）

你來吧

不要觸摸玩偶。
手上的油
沾上去可不好，
一定要注意。

收起來

在女兒節的
一兩個星期前
擺出來，3月3日
過後馬上收起來。
據說不收的話，
女兒嫁不出去。

撢掉灰塵，
用紙巾等包住
玩偶的臉，
然後包好全身，
裝進盒子。

畢業典禮

向畢業生說聲「再見！」……
他們一直照顧我們，對他們
說：「祝賀！」「謝謝！」吧

嘿嘿

謝謝你啦！

想問畢業生的事，
不要在畢業典禮
那天問，
早點兒問吧

能告訴我
你的聯繫
方式嗎？

畢業時表示感謝要儘早
老師很忙，早點兒向老師
表示感謝吧

梳好頭　　整潔！

花束和紀念品
大家可以湊錢買
一小束花，送給
同一學校學會的畢業生

服裝
穿着燙平整
的清潔服裝

穿白色襪子
和擦亮的鞋

不要勉強

畢業生可穿
中學制服

祝賀畢業的同學們！

嗯？

參加畢業典禮時
不要聊天或打鬧

學 期 末	應該在之前一天幹完的事情		典禮當天	

打掃用過的
教室。

好重呀！

把自己的作品
等東西全部
拿回家，
不要忘東西。

啊，
我真高興！

老師，
謝謝您了！

要對老師
表示感謝。

好寂寞呀！

要對老師和同學們
說再見。

我還想和你
在一個班。

4月 搬家

1日 愚人節
8日 浴佛節
29日 昭和之日

盡可能幫忙吧

你一定來玩啊！

向鄰居和小朋友們告別

把新地址通知沒見到的人

這是我的地址

朋友之間要聯繫得上

垃圾要分類放好

搬出行李後，要打掃乾淨

後退着搬東西時，要注意！

哇！

別影響大人搬家

一二三！

搬東西時力所能及

別逞能！

復活節

3月21日春分月圓後的第一個星期日，是復活節（紀念耶穌基督復活）。根據兔子帶來彩蛋的傳說，在前一天裝飾象徵復活的彩蛋、雛雞和兔子。

卡片

雛雞和兔子

收飾着鮮花的復活節帽子

復活節彩蛋是在煮熟的雞蛋上畫上花紋和圖案。

看起來很漂亮，但放久了的雞蛋不能吃。

新學期開始

2日 圖書館紀念日
18日 發明節

整理好自己的桌子,以嶄新的心情開始新學期。

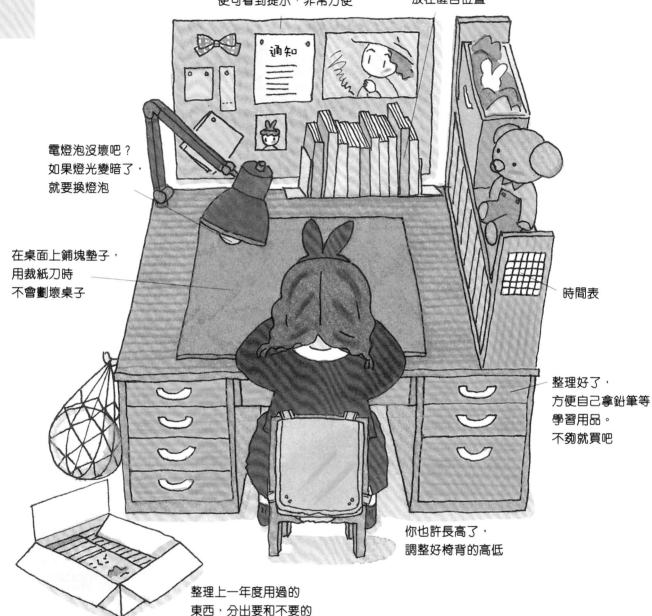

在牆上釘塊軟木板,抬頭便可看到提示,非常方便

把課本和筆記本放在醒目位置

電燈泡沒壞吧?如果燈光變暗了,就要換燈泡

在桌面上鋪塊墊子,用裁紙刀時不會劃壞桌子

時間表

整理好了,方便自己拿鉛筆等學習用品。不夠就買吧

你也許長高了,調整好椅背的高低

整理上一年度用過的東西,分出要和不要的

別 忘 了

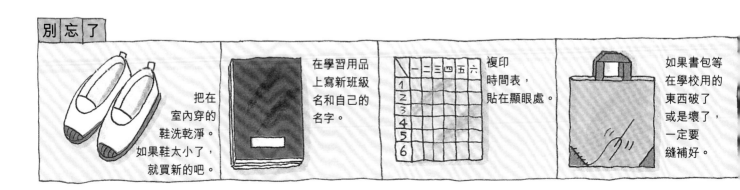

把在室內穿的鞋洗乾淨。如果鞋太小了,就買新的吧。

在學習用品上寫新班級名和自己的名字。

複印時間表,貼在顯眼處。

如果書包等在學校用的東西破了或是壞了,一定要縫補好。

介紹自己時，
不要故意把自己
說得那麼好。
輕鬆自然地說，
才能表現真正的自己

分好的班不能對換。
那是沒辦法的事，不要想不開

聽說新班主任老師
□壞話。不能靠傳
□判斷人

悄悄議論

是嗎？

和她在同一個班
就好了……

嗯

希望與對方交朋友，
最好自己主動打招呼

你好！

啊！

請多關照！

哼，是嗎？

她呀……

不隨便傳別人家裏
的事和各種流言

對待新入學的學生

過馬路時，
牽着他們的手。

如果她們
提問，
要耐心回答。

我帶你去

看到新同學
迷路或是
遇到困難，
主動幫忙。

不欺負人，
不許粗暴。

1日 國際勞動節
3日 憲法紀念日
4日 綠之日
5日 兒童節

5月5日也是祝福男孩子成長的端午節。
裝飾鯉魚旗或武士玩偶，
吃槲樹葉包的帶餡柏餅，還吃粽子。

* 在端午用以祛災的菖蒲，其日文發音與「尚武」相同，
  因此在古時，端午漸漸演變成男孩節。明治時代廢除農曆，
  端午改為新曆5月5日。1948年日政府更定當天為兒童節。

風向袋　　　　　　　　　旋轉球

風車

黑色真鯉魚

紅色緋鯉魚

藍色小鯉魚

三層裝飾

兩旗

盔甲・頭盔

金色屏風

弓　　　　　　太刀

鯉魚旗

風向袋

軍扇

太鼓

草笠形盔
（陣笠）

篝火

酒壺

柏餅　　　　　　　粽子

有什麼緣由呢？

柏餅

為了祝願孩子
像槲樹那樣
結實健壯，
吃槲樹葉包的
年糕。

粽了

從中國傳來
的粽子，
據説能消除
邪氣。

浸菖蒲草洗澡

傳説藥草菖蒲
能祛災，
把菖蒲放到浴盆
裏泡澡。

母親節

5月第二個星期日是
感謝母親的日子，
習慣給媽媽送康乃馨花。

嗚嗚
花乾啦！

簌簌

花容易乾，
不要買得太早。
最好在前一天或是
母親節的上午買。

啊！

給您！

買什麼顏色的康乃馨花？
花店裏紅花最多，也可以
買粉色或是別的顏色。
別買白花，據說買白花的人
是為了紀念去世的母親。

我陪你去
買東西吧

也有這樣的禮物……

幫忙券

買東西
1次
做家務
1次
做飯
1次
收拾屋子
1次

幫媽媽做家務，幫媽媽做飯，
也是很好的禮物。

黃 金 週

休 學 休 休

間隔的假日，
有學校不休息
的日子。

每逢連假，
生活節奏容易
被打亂。
要注意生活規律。

汗流浹背！

外出遊玩後，
第二天
盡量休息。
不休息的話，
連假一結束會
十分疲乏。

不去危險的地方，不制訂不合
理的計劃。

我得趕上
○點的車！

6月

父親節

6月第3個星期日，
是感謝父親的日子。

1日 換裝
10日 時間紀念日
22日前後 夏至

鮭魚飯

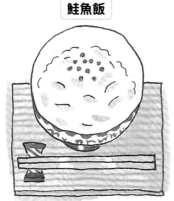

做一個爸爸
愛吃的菜吧？

把烤好的鮭魚弄碎，
拌在米飯裏就行。
再撒些芝麻，
營養豐富又好吃！

謝謝！

輕輕地

抓住什麼東西

給你

輕輕地，慢慢地
踩踩爸爸的腰，
爸爸會覺得很舒服。

送給爸爸自己
做的甜餅乾，
或是用零用錢
買個小禮物。
不要勉強啊。

好舒服呀……

咚咚

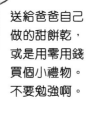

給爸爸按摩，或是捶肩膀，
也是很好的禮物。
對肩頭僵硬和眼睛疲勞
管用。

和爸爸一起看報

剛開始時，叫先看漫畫
或專欄或光看標題，
然後一點點地
閱讀報導。
報紙很有意思。

別這麼看報呀

在暗地方看　　姿勢不好　　眼睛離得太近

看不懂的地方
就問爸爸

爸爸一定會高興

梅雨

梅雨季節
容易食物中毒，
吃東西要注意

嗯嗯

不能在
外面玩時，
正好
多看書！

真好玩！

不用傘和
雨鞋玩耍

吧唧吧唧

在樹林和草叢裏，
有好多喜歡雨水的小生物。
蟲子躲在葉子背後呢。

收雨傘時，
要晾乾

下小雨時，
雨帽或雨衣
就OK！

真涼！

穿長筒雨靴能
在積水裏行走

用傘注意事項

哎呀！

幹嘛？

不用傘戳人

拿濕傘時不靠近別人

拿傘時注意別影響他人

19

今年能
見到嗎？

阿克圖魯斯（大角星）

牧夫座

乞巧節的傳說
牛郎和織女觸犯天怒，
被隔在銀河兩岸，
每年只能在7月7日
晚上見一次面。
乞巧節的傳說
是個愛情故事。

北斗七星
在大熊座裏

夏日大三角
牛郎星和織女星，
與天鵝座的
德尼卜連結成
三角形。

維加（織女星）
又稱織姬星

天琴座

小熊座

天鵝座

北極星

德尼卜（天津四）

銀河
英語稱為
Milky Way

看星星時，
一定和大人
一起去。

哇，
真漂亮！

冬天
戴帽子

最好有望遠鏡

穿長袖衣服
長褲子，
以防天冷，
或被蟲咬，
或被樹葉劃破
皮膚

帶上驅蟲
藥或蚊香

乞巧節

細竹飾
在小竹子上裝飾摺紙
或寫着心願的詩箋。
不能寫不好的話和
詛咒的話！

讓我
快快
長大

用線
吊起
來

事後收拾
從前，乞巧節結束後，
會把細竹扔到
河裏沖走。
現在為防河水污染，
要當垃圾處理。

祝願
我
做的
蛋糕
好
吃

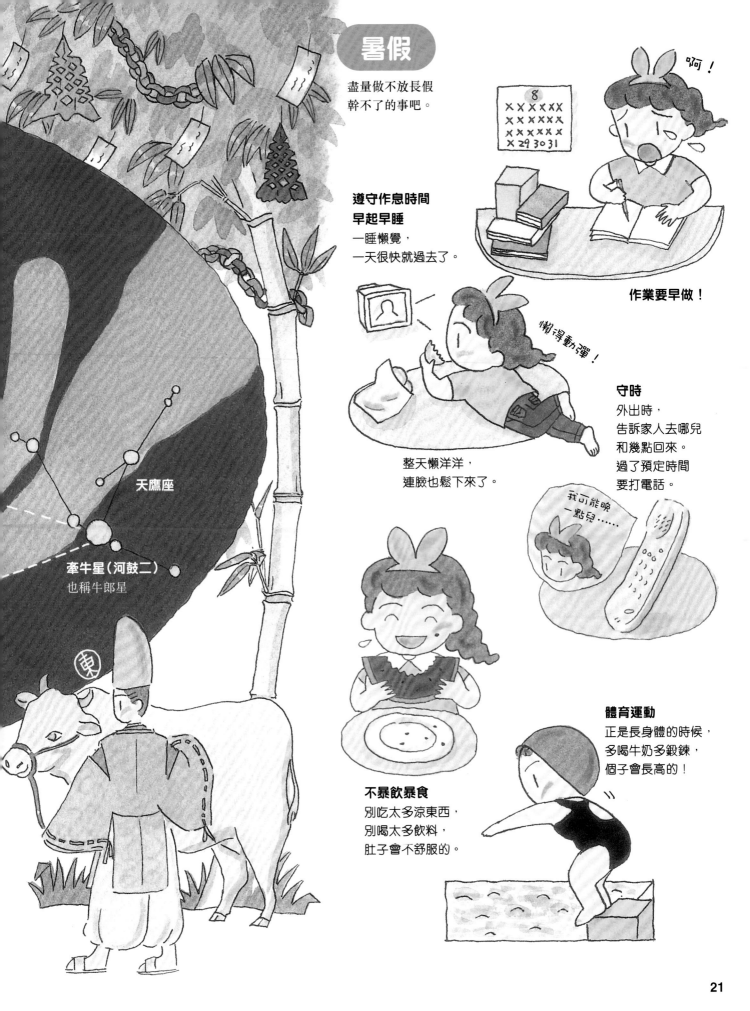

暑假

盡量做不放長假
幹不了的事吧。

呵呵！

**遵守作息時間
早起早睡**
一睡懶覺，
一天很快就過去了。

作業要早做！

懶得動彈！

整天懶洋洋，
連臉也鬆下來了。

守時
外出時，
告訴家人去哪兒
和幾點回來。
過了預定時間
要打電話。

我可能晚
一點兒……

天鷹座

牽牛星（河鼓二）
也稱牛郎星

東

體育運動
正是長身體的時候，
多喝牛奶多鍛鍊，
個子會長高的！

不暴飲暴食
別吃太多涼東西，
別喝太多飲料，
肚子會不舒服的。

盂蘭盆節時去了爸爸的家鄉。

如果
家裏來了好多親戚，
媽媽一定很辛苦。

家鄉的人也一樣……

謝謝！

啊，
累死我啦
……

聽爺爺奶奶講
爸爸小時候的
事情

真的呀？

盡量幫着
做家務吧，
注意別幫倒忙

注意別被蜂螫了！
不要靠近馬蜂和蜜蜂，
會有被螫的危險

離開時，要好好說謝謝。
回家後，一定要給家鄉的
寫信表示感謝

別走得太遠，也不能
去危險的地方。
最好和
當地的孩子
交朋友，
讓他們帶
自己去玩

這是哪兒啊？

別隨便進
莊稼地和
別人家的
院子

奶奶您好！

掃墓

拔草，
打掃墓的周圍，
擦墓碑，
把墓地
清掃乾淨。

獻上鮮花和
供品，
往墓碑上澆水。

與家人輪流
燒香供香，
合掌叩拜。

夏季祭祀

抬神轎 神轎前面和旁邊
很危險,離遠一點兒
看熱鬧

零用錢
用錢要有計劃,
一不小心
就會花光

一二三!

加油啊!

咚咚咚

盂蘭盆舞 和大人一起去。
不要玩得太晚

來呀 來呀

好吃

杏子

夜市
晚上要和
大人一起去。
白天可以和
小朋友們結伴去

撈金魚
金魚是生物,
你打算在家養才帶回去

棉花糖
吃完棉花糖,手黏黏的,
拿別的東西時要注意

看 煙 花

發射煙花的地方
很危險,
千萬
不要靠近。

注意有很多蚊子!
穿長袖
衣服長褲,
也可穿
薄布浴衣。

嗡嗡

人山人海,
一定要和大人
一起行動。
在大人身邊
就不會走失。

哇哇!

● 和朋友一起玩煙花時,要準備好水,並且和大人一起去。

23

結婚典禮

出席結婚典禮時，要穿正式服裝，
在日本也可穿校服。
如需要擔當什麼角色，
女孩子最好穿連衣裙，
男孩子最好
穿禮服。

在會場迷路了，
就問工作人員

嘰哩咕嚕

吃東西時
別弄得滿桌都是。
如果沒有
小孩的份兒，
可以要來小碟，
分吃大人那份

哈哈

不要在會場上
跑動或打鬧

啊！

覺得悶了，
或實在堅持不住時，
就告訴父母，在會場外
千萬不要走遠

出席結婚典禮

在結婚典禮上，
有些事情需要
孩子幫忙。
如果拜託你了，
你就試試吧。

贈送花束

托起新娘長長
的婚紗

往新郎新娘
走的路上
撒花瓣的是
女孩子。

新郎和新娘
交換結婚戒指時，
在旁邊
手托戒指的是
男孩子

葬禮

參加葬禮不是來玩的，
即使見到親戚的孩子，
也不要大聲喧鬧

照顧
小孩子

人手不夠時
要幫忙

睏了就到
別的房間
睡一會兒吧

覺得悶
也不要哭鬧

腿跪麻了，
就撐起腳尖，
發麻的感覺
一會兒
就會消失

別纏着大人。
大人這時很忙，
安靜地等着吧

顏色
素淨，
無花紋

白襪子

黑鞋或白鞋

在日本可穿校服，
不然，就穿白襯衣，
黑色或深藍色的褲子和裙子，
黑色或深藍色的毛衣和上衣

佛教燒香的方法　不同宗教有不同的做法

鞠躬行禮

合十（雙手合上）

用手指抓起一小
撮香，舉到
眼睛
的高度

用右手的
3個指頭抓香

食指
右手
大拇指　中指

放進香爐

合十

鞠躬行禮

萬聖節前夕

3日 文化節
15日 七五三
23日 勤勞感謝日

10月31日晚上是萬聖節前夕。
在基督教萬聖節的前一天晚上，
美國的孩子們會把自己裝扮起來，
到附近的各家各戶要糖果點心，
一邊喊着：
「你要是不給我好吃的，
我可搗亂啦！」

鬼燈（南瓜燈）
孩子們在這一天挖空南瓜，
在裏面點上蠟燭，
裝飾在窗台上。

七五三

11月15日是七五三節。
慶祝5歲的男孩子、
3歲和7歲的女孩子
平安成長，
大家去神社參拜。

聖誕節

12月25日是聖誕節。
這是慶祝耶穌誕生的節日。
24日是平安夜。

和朋友一起過聖誕節

用零用錢
買禮物

不打架吵架，
不大聲喧譁

遵守
約定的時間

聖誕花環
用冬青樹葉和
樹果製作。
從12月開始
裝飾，
過了25日
就摘掉

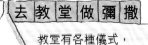

教堂有各種儀式，
不是信徒
也可參加。

有的儀式時間
較長，上完廁所
再去。

哎呀

全家過聖誕節

乾杯！

嚥口水

襪子
平安夜睡覺時
放在枕頭旁邊，
醒來時也許會
裝滿禮物……

一品紅
冬青、冷杉和
一品紅是聖誕節
不可缺少的
植物

蠟燭

聖誕樹
在冷杉樹上
掛上燈具和
各種裝飾物

裝飾自家
做的餅乾
看起來也
很可愛

聖誕卡

禮物放在
聖誕樹下，
聖誕節那天送

聖誕屋
用點心做的小房子。
可以放好多天

聖誕布丁
把硬幣放在裏面，
據說吃到硬幣的人
會有好運

木柴蛋糕
做成聖誕節柴禾狀
的蛋糕卷

火雞或烤雞

有時教堂裏
很冷，
穿上暖和衣服，
熱了再脫。

啊

待厭了
也不能
吵鬧。

不忘帶上
零錢。
用零用錢
作捐獻吧。

拿蠟燭時不要
離得太近，
注意別
燒着頭髮，
別燙傷。

在收集垃圾
的前一天
大掃除

哎喲！

身子從
窗戶探出去
很危險，
不要做危險
的事

曬被子

擦門和
門牌

打掃完了
再裝飾過年的
東西

買東西

要買的東西
寫在紙上

滿滿的！

一次拿不了，就分兩次買

賀年卡

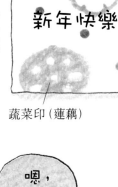

蔬菜印（甜椒／柿子椒）

新年快樂

蔬菜印（蓮藕）

下工夫！
盡量做出
有自己特色的賀年卡！
用紅薯、蔬菜（切成圓片的蔬菜）
做圖章，或是貼紙、畫畫……

早點兒寄出

元旦

新年快樂！

賀年卡最好元旦那天寄到！
別寄晚了

嗯，
看不懂！

字要寫清楚！

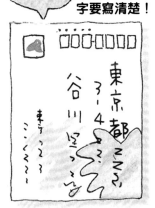

東京都
谷川
3-4
○○○

水彩化開了，或字寫得
歪歪扭扭，姓名和地址
看不清就寄不到

給誰寄賀年片？

怎麼辦呢……

• 每年給自己寄賀年卡的人
• 平時關照自己的人
• 我想寄的人

怎 麼 辦 呢 ？

喪中

收到了對方
正在服喪的明
信片，就在
1月15日以後
給對方寄寒冬
問候的
明信片吧。

在1月15日前
如果想起忘了
給誰寄賀年卡，
要趕緊寫。
在那之後就
寫寒冬問候的
明信片。

呀！
忘了

《這個時候怎麼辦？⑤ 日本節慶》

　　峯村良子 繪著

　　唐亞明 譯

繁體中文版 © 香港中文大學2021

子どものマナー図鑑 ⑤12か月・行事のマナー © 峯村良子

國際統一書號（ISBN）：978-988-237-236-8

出版：香港中文大學出版社

　　　香港 新界 沙田·香港中文大學

　　　傳真：+852 2603 7355

　　　電郵：cup@cuhk.edu.hk

　　　網址：cup.cuhk.edu.hk

What Would You Do in This Situation? ⑤ *Festival and Event Etiquette* (in Chinese)

　　By Ryôko Minemura

　　Translated by Tang Yaming

Traditional Chinese edition © The Chinese University of Hong Kong 2021

Kodomo no Manâ Zukan 5 - 12-kagetsu·Gyôji no Manâ

Original Edition © 2000 by Ryôko Minemura

First published in Japan in 2000 by KAISEI-SHA Publishing Co. Ltd., Tokyo

Traditional Chinese translation rights arranged with KAISEI-SHA Publishing Co. Ltd.

through Japan Foreign-Rights Centre/Bardon-Chinese Media Agency

ISBN: 978-988-237-236-8

Published by The Chinese University of Hong Kong Press

　　　　　The Chinese University of Hong Kong

　　　　　Sha Tin, N.T., Hong Kong

　　　　　Fax: +852 2603 7355

　　　　　Email: cup@cuhk.edu.hk

　　　　　Website: cup.cuhk.edu.hk

Printed in Hong Kong